…n moyeux … ,
Administrateur de la Bibliothèque Nationale
Hommage respectueux
de l'auteur

REVUE ARCHÉOLOGIQUE

OU RECUEIL

DE DOCUMENTS ET DE MÉMOIRES

RELATIFS

A L'ÉTUDE DES MONUMENTS, A LA NUMISMATIQUE ET A LA PHILOLOGIE

DE L'ANTIQUITÉ ET DU MOYEN AGE

Publiés par les principaux Archéologues

FRANÇAIS ET ÉTRANGERS

et accompagnés

DE PLANCHES GRAVÉES D'APRÈS LES MONUMENTS ORIGINAUX

Tirage à part.

LES ANCIENNES BASILIQUES ET ÉGLISES DE ROME

AU XVe SIÈCLE

Par M. Eug MUNTZ.

PARIS
AUX BUREAUX DE LA *REVUE ARCHÉOLOGIQUE*
LIBRAIRIE ACADÉMIQUE — DIDIER et Ce
QUAI DES AUGUSTINS, 35

Mémoires archéologiques.

L'Age du bronze et les Gallo-Romains à Saint-Nazaire-sur-Loire, par René Kerviler. In-8, avec 3 planches et vignettes ... 3 fr. »
Essai sur les chars gaulois de la Marne, par H.-A. Mazard. In-8, 2 planches ... 2 fr. 50
Horus et saint Georges, Notes d'archéologie orientale et de mythologie sémitique, par Clermont-Ganneau. In-8 avec planche ... 3 fr. »
Étude sur une nouvelle statue de Vénus marine, de travail grec en marbre de Paros, M. Jules Chevrier. In-8, avec 2 planches ... 3 fr. »
Deux questions de chronologie et d'histoire éclaircies par les Annales d'Assurbanipal, par F. Robiou. In-8 ... 1 fr. 50
Reconnaissance archéologique d'une partie du cours de l'Erigon et des **Ruines de Stobie**, par L. Heuzey. Gr. in-8, avec fig. et carte ... 3 fr. »
Recherches sur les lits antiques, par L. Heuzey. Gr. in-8, avec 10 vignettes ... 3 fr. »
Remarques géographiques à propos de la carrière d'un légat de Pannonie inférieure, par Ern. Desjardins. Gr. in-8, avec 2 planches ... 3 fr. »
Mélanges archéologiques, par A. Dumont. 2 fascicules, avec 2 planches et vignettes ... 5 fr. »
La Cathédrale de Strasbourg. Remarques archéologiques, par Alb. Dumont ... 1 fr. 50
Restitution de la basilique de Saint-Martin de Tours, d'après Grégoire de Tours et les autres textes anciens, par J. Quicherat. Gr. in-8, avec 4 planches ... 5 fr. »
Fragments d'une description de l'île de Crète, par Thenon. Gr. in-8 ... 3 fr. »
Une stèle du temple de Jérusalem par M. Ch. Clermont-Ganneau. In-8, avec planche. 4 fr. »
La Stèle de Dhiban ou Stèle de Mesa, roi de Moab, 896 avant J.-C. Lettres à M. le comte de Vogüé, par Ch. Clermont-Ganneau. In-4, avec 2 planches ... 5 fr. »
La Chronologie biblique fixée par les éclipses des inscr. cunéiformes, par J. Oppert. Gr. in-8. 2 fr. »
Noms propres anciens et modernes. Études d'onomatologie, par Rob. Mowat. Gr. in-8°. 3 fr. »
Gargantua. Essai de mythologie celtique, par H. Gaidoz. Grand in-8 ... 1 fr. 50
Nouvelles tessères de Gladiateurs, par É. Hubner, tr. de l'allemand par H. Gaidoz. In-8. 1 fr. 50
Nouvel essai sur les inscriptions gauloises, par Adolphe Pictet. Grand in-8 ... 2 fr. 50
La Médecine dans Homère, par le docteur Ch. Daremberg. Gr. in-8 avec planches ... 5 fr. »
État de la médecine entre Homère et Hippocrate, par le même. Gr. in-8 ... 5 fr. »
Le Renne de Thaingen, par Alex. Bertrand. Grand in-8 avec planche ... 1 fr. 50
Étude sur l'Ora Maritima de Rufus Avienus, par F. de Saulcy. Gr. in-8, carte. 2 fr. 50
Mémoire sur les provinces romaines jusqu'au ve siècle, par Théod. Mommsen, avec un appendice par Ch. Müllendoff, trad. par Ém. Picot. Grand in-8 avec carte ... 3 fr. »
Mémoire sur le calendrier des Lagides à l'occasion de la découverte du décret de Canope, par A.-J.-H. Vincent, de l'Institut. Gr. in-8 ... 2 fr. »
Carte de la Gaule de Peutinger, avec de nouv. observations par Alf. Maury. Gr. in-8, carte. 3 fr. 50
Essai sur la stèle du Songe, par G. Maspero. Gr. in-8, avec planche ... 4 fr. »
Sur la stèle de l'intronisation, par le même. Gr. in-8 ... 1 fr. 50
Le Péplos d'Athéné Parthénos. Etude sur les tapisseries dans l'antiquité, etc., par L. de Ronchaud. Gr. in-8 ... 3 fr. »
Etudes sur l'origine et la formation de l'alphabet grec, par F. Lenormant. av. 2 pl. 5 fr. »
Recension nouvelle du texte de l'Oraison funèbre d'Hypéride, etc., par H. Caffiaux Grand in-8 ... 5 fr. »
Les Martyrs chrétiens et les supplices destructeurs du corps, par Edm. Le Blant. 1 fr. »
Observations sur le texte de Joinville, etc., par Ch. Corrard. Grand in-8 ... 3 fr. 50
Le Passage d'Annibal du Rhône aux Alpes, par C.-A. Ducis. In-8, 110 p. ... 2 fr. 50
Epigraphie de l'antique Vésone, par l'abbé Audierne. In-8 ... 2 fr. 50
Recherches sur le nom vulgaire de l'amphithéâtre Flavien, par O. de Poli. In-8. 1 fr. »
Les Tapisseries d'Arras, Etude artistique et historique, par l'abbé Van Drival. 1 vol. gr. in-8. 5 fr. »
Inscriptions inédites des Sporades (île de Kos), par O. Rayet. In-8 ... 4 fr. »
Les Cadrans solaires dans l'antiquité par G. Rayet. In-8, avec planche ... 2 fr. 50
Trois vases peints de la Grèce propre à ornements dorés, par Max. Collignon. Gr. in-8, avec 2 planches et 1 chromo ... 3 fr. »

L'administration et les bureaux d'abonnement de la *REVUE ARCHÉOLOGIQUE* sont à la *Librairie Académique* Didier et Ce, quai des Augustins, 35.

MODE ET CONDITIONS DE L'ABONNEMENT

La *Revue archéologique* (nouvelle série) paraît chaque mois, à partir de janvier, par cahiers de 64 à 80 pages grand in-8°, qui forment à la fin de l'année deux volumes ornés de 24 planches gravées sur acier et de gravures sur bois intercalées dans le texte. Indépendamment de la table alphabétique des matières du semestre, une table alphabétique, destinée à faciliter les recherches, terminera chaque année.

PRIX :

Pour Paris	Un an ...	25 fr.	Pour les départements, un an ...	27 fr.
	Six mois ...	14 fr.	Pour l'étranger, un an ...	28 fr.

ON S'ABONNE ÉGALEMENT CHEZ TOUS LES LIBRAIRES DES DÉPARTEMENTS ET DE L'ÉTRANGER

Le Gérant, D. Glorian.

Paris. — Imp. de Pillet et Dumoulin, rue des Grands-Augustins, 5.

LES ANCIENNES

BASILIQUES ET ÉGLISES DE ROME

AU XVe SIÈCLE

DOCUMENTS INÉDITS SUR LES TRAVAUX QUI Y ONT ÉTÉ EXÉCUTÉS

DEPUIS MARTIN V JUSQU'À SIXTE IV

(Extrait de la *Revue archéologique*)

Lorsque la papauté revint à Rome après un long et douloureux exil, la ville éternelle présentait le spectacle le plus affligeant. Le nouveau pape, Martin V (1417-1431), trouva les édifices publics ou privés dans un état de délabrement difficile à décrire. « Urbem Romam adeo diruptam et vastam invenit ut nulla civitatis facies in ea videretur. Collabentes vidisses domos, collapsa templa, desertos vicos, cenosam et oblitam urbem, laborantem rerum omnium caritate et inopia (1). » Ce tableau, tracé par Platina, n'a rien d'exagéré. La bulle du 31 mars 1425, par laquelle Martin V rétablit l'office des *magistri viarum*, nous fait connaître des détails plus navrants encore: elle nous montre les plus magnifiques monuments de Rome envahis et dégradés par une populace qui, non contente de les transformer en boutiques, en hangars, ou en écuries, y laissait s'amonceler les immondices, de manière à compromettre gravement la salubrité publique (2).

(1) Platina, *Vitæ pontificum*, in Martino V.

(2) Theiner, *Codex diplomaticus dominii temporalis S. Sedis*, t. III, p. 290 n° 231.

Un des premiers soins de Martin V fut de remettre en état les édifices consacrés au culte. Il consolida ceux qui chancelaient, il restaura ou rebâtit ceux qui tombaient en ruines. L'ardeur qu'il apporta dans ce pieux travail de conservation, de restitution, était extrême. Grâce au concours de riches prélats il put même faire un pas de plus et s'occuper non-seulement de restaurer, mais encore d'embellir les principales basiliques de sa capitale (1). C'est ainsi qu'il chargea deux peintres célèbres, Gentile da Fabriano et Victor Pisanello, d'orner de fresques la nef de Saint-Jean-de-Latran. La liste des édifices qui furent réparés par ses soins est trop longue pour que nous songions à la dresser ici.

Les successeurs de Martin V imitèrent son exemple. On peut dire d'une manière générale qu'à Rome le xvᵉ siècle presque tout entier se passa en travaux de ce genre. Les créations nouvelles furent relativement rares. Les basiliques élevées après le triomphe du christianisme étaient si nombreuses, si belles, qu'il valait mieux veiller à leur entretien que de les remplacer. Le moyen âge les avait respectées, et alors même qu'il y ajouta de nouvelles constructions il ne s'écarta guère de ces modèles encore tout imbus de l'esprit de l'antiquité. Le gothique fut impuissant à les détrôner; il ne jeta jamais de profondes racines à Rome, et tandis que le reste de l'Italie se couvrait de cathédrales voûtées en tiers point, c'est à peine si dans la ville éternelle on peut citer deux ou trois édifices de ce genre, l'église de la Minerve, quelques parties du Latran, etc.

La renaissance, du moins à ses débuts, pensa qu'il serait prudent de ne pas entrer en lutte ouverte avec les créations, encore si grandioses, des premiers siècles de l'Eglise. Où aurait-elle pris des colonnes monolithes aussi parfaites que celles de Saint-Paul hors les murs, de Sainte-Marie Majeure, de Sainte-Sabine, de Saint-Pierre-ès-Liens ! Comment aurait-elle improvisé des plans aussi savants et aussi hardis que ceux de Sainte-Constance et de Saint-Etienne-le-Rond? Qu'aurait-elle substitué aux décorations splendides formées de mosaïques à fond d'or et de marbres précieux rapportés de toutes les parties de l'univers !

(1) « Ad ejus imitationem omnes fere sanctæ Romanæ Ecclesiæ cardinales eorum titulos ruinæ pæne proximos repararunt, et ad magnum ornatum usque perduxerunt. » Vie de Martin V dans les *Scriptores* de Muratori, t. III, 2ᵉ part., col. 867. — « Tempore dicti Martini Romani cœperunt ædificare, et domos dirutas restaurare, et ipse papa omnes ecclesias parochiales fabricare et renovare fecit, et maxime ecclesiam duodecim Apostolorum renovavit, et ampliavit palatium ; ac sanctam Mariam Rotundam de novo de plumbo cooperiri fecit. » (Ib. col. 858.)

Les souvenirs religieux qui s'attachaient à tous ces vieux titres les protégeaient également contre les entreprises des novateurs. Ces souvenirs étaient si puissants que lorsque Nicolas V annonça son intention de reconstruire la basilique du Vatican, il lui fallut invoquer comme prétexte le manque de solidité de l'ancien édifice. Les humanistes mêmes, du moins pendant la première période de la renaissance, étaient pleins de vénération pour les sanctuaires de la ville éternelle. Sans remonter ici jusqu'à Pétrarque, dont on connaît les efforts pour faire reconstruire la basilique du Latran, il suffit de rappeler l'intérêt qu'un des principaux champions des idées nouvelles, Flavio Biondo de Forli (✝ 1463), portait aux monuments chrétiens primitifs. Dans sa *Roma instaurata*, dédiée à Eugène IV, il en célèbre souvent la magnificence. Un autre humaniste célèbre, Maffeo Veggio (✝ 1458), consacra tout un volume à la description de Saint-Pierre. A Ravenne, cet autre berceau de l'art chrétien, on observe un phénomène analogue. Dès 1489 Desiderio Spreti y mit au jour son *De amplitudine, vastatione et instauratione civitatis Ravennæ;* il est impossible d'étudier avec plus d'amour que lui les productions de cette décadence encore si belle, les œuvres impérissables de Galla Placidia, de Théodoric et de Justinien.

Il était nécessaire d'indiquer, ne fût-ce qu'en quelques mots, les considérations qui ont présidé aux travaux entrepris par les papes du xve siècle. Poursuivons maintenant l'étude des restaurations exécutées par les soins de chacun d'entre eux.

En ce qui concerne le successeur de Martin V, Eugène IV (1431-1447), les documents dont nous disposons offrent des lacunes trop grandes pour qu'il soit possible de donner une idée exacte de l'activité artistique de son pontificat. Ce n'est que pour les années 1437 et 1438 que nous possédons le compte des sommes dépensées par lui pour l'entretien ou la réparation des anciennes églises romaines. Le total de ces dépenses s'élève à un chiffre fort respectable : 3,384 ducats, 47 sous, 2 deniers.

La pièce suivante contient le résumé de celles des entreprises de ce pape qui rentrent dans le cadre de notre travail. Je la reproduis textuellement avec sa vieille orthographe.

MCCCCXXXVII ET MCCCCXXXVIII.

A lo nome de l'onipotente dio e de tutta la so corte celistiale, amen. In questo quaterno serano scripte tutti li denari per me Demeneco de Francesco da Peroscia, scriptore de la penitenciaria, recevuti per parte de lo sanctissimo in Christo padre e signore nostro papa Eugenio IIII e spese qui in Roma in riparatione de sancto Pietro e a lo palazo e vigna alias giardino (ou giardini) in sancto Spirito e sancte Maria Majure, e sancto Johanni, e ducati cento spesi in sancta Maria di Tristevere, e la quitanza de ducati cento spesi a la Minerva, e la quitanza de ducati cinquanta dati a sancto Pauolo, e la quitanza de ducati vinti dati a sancto Agustino, e spesa de ducati XVIII e Karl. VIII fatta in uno paro di candilieri di arjento, la quale spesa fo facta per li mani di miser Antonio Castellano di Castello sancto Agnilo e per li mani di miser Lorenzo Sancto (?) e lo mastro a farlli fo Andria di Cola Vechio. Ed. P. 1437-1438.

Suit le relevé des dépenses. Il serait sans intérêt de le transcrire ici, car le comptable est entré dans les détails les plus minutieux; il a noté les fournitures de chaux, de planches, de clous, etc., etc. Je me contenterai de reproduire plus loin les passages qui contiennent quelques éclaircissements sur l'histoire des monuments auxquels ils se rapportent. Je dois faire observer en outre que la lecture de ce document offre une foule d'incertitudes, surtout en ce qui concerne les noms propres.

Nicolas V (1447-1455) est peut-être, avec Sixte V, le seul pape de la renaissance qui ait procédé dans ses travaux d'architecture d'après un plan d'ensemble. Ses projets furent même plus grandioses encore que ceux de l'habile Sixte : ils ne tendaient à rien moins que la transformation de la ville éternelle. Cette unité de vues nous frappe surtout en ce qui concerne les restaurations entreprises dans les anciennes églises ou basiliques de Rome. Le biographe de ce pape, Giannozzo Manetti, n'a pas manqué de la signaler et de la mettre en relief. Je ne saurais mieux faire que de reproduire le passage dans lequel il passe en revue cette partie de l'œuvre de Nicolas V :

Cunctas sanctarum stationum ædes carie ac vetustate pæne consumtas pontifex magnanimus atque admodum pius egregie reparare ac reformare decreverat, atque hoc ipsum reformandi et reparandi officium in plurimis minoribus sanctæ Mariæ trans Tiberim, et beatæ Praxedis, et sancti Theodori, ac Petri in Vinculis nuncupati, pluriumque aliarum hujusmodi basilicarum (ne omnium particularem mentionem faciamus) reparationibus constructionibusque inchoavit. Ad majora deinde conversus in septem celebratiores et principales, ut ita dixerim, totius Romanæ regionis ecclesias animum adjecit. Johannis enim Lateranensis, Mariæ Majoris, Stephani Cœlimontani, sanctorum Apostolorum, Pauli exterioris, et Laurentii extra muros, basilicas partim munivit, partim ornavit, partim mirum in modum renovavit (1).

(1) Muratori, *R. I. S.* III, II, col. 930-1.

Un registre des archives d'Etat de Rome nous a conservé le tableau des dépenses faites en 1453 pour travaux exécutés dans les églises. Nous reproduisons ce document en exprimant le regret de n'en point posséder d'analogues pour les autres années du pontificat de Nicolas V.

1453.

Récapitulation des travaux exécutés en dehors du Vatican.

1000 ducati per lo lastricho e incholatura di santo Stefano (in) Cielimonte(?).
236 d. per le finestre del vetro di detto luogho.
25 d. per le finestre del vetro di santo Eusebio.
445 d. 12 b. per lo lavoro del tetto di santo Apostolo.
254 d. 10 b. per lo lavoro di santa Maria Ritonda.
2000 d. per santo Todaro.
267 d. 68 b. nel'achoncime di santo Celso. — T. S. 1453.

Absorbé par sa croisade contre les Turcs, Calixte III (1455-1458) se laissa surtout guider, dans les travaux auxquels il procéda dans les basiliques de Rome, par ses affections ou ses souvenirs personnels. L'église et le palais des Quattro Coronati, par exemple, dont il s'occupa activement, avaient pour lui un intérêt tout particulier : l'une avait été son titre cardinalice, l'autre lui avait servi d'habitation avant qu'il devînt pape. L'église Saint-Calixte lui rappelait le prédécesseur dont il adopta le nom. Il en était de même de l'église Saint-Sébastien hors les murs : ce sanctuaire s'élève en effet au-dessus des catacombes de saint Calixte. Sans vouloir exagérer l'importance des restaurations dues au successeur de Nicolas V, il est cependant permis d'affirmer, ainsi que cela résulte de nos extraits, qu'elles ne se sont pas bornées à l'église de Sainte-Prisca. Sous ce rapport il faut rectifier l'assertion du savant auteur de l'*Histoire de Rome au moyen âge* (1).

Pie II (1458-1464) s'est relativement peu occupé des églises romaines. La basilique de Saint-Pierre seule fut l'objet de sa sollicitude constante. On trouvera mentionnées plus loin les différentes restaurations, presque toutes secondaires, qui furent exécutées sous son règne.

(1) Gregorovius, *Storia della città di Roma*, VII, p. 752 : « della chiese, quella sola di santa Prisca, fu da lui restaurata. » — M. Gregorovius a pris dans un sens trop littéral le témoignage de Platina, d'après lequel Calixte III « restituit solum S Priscæ in Aventino templum et mœnia urbis dirupta ac fere solo æquata ».

Le pontificat de Paul II, au contraire (1464-1471), correspond à une reprise importante des travaux de ce genre. L'activité de ce pape s'étend à tous les monuments de la capitale, païens ou chrétiens, religieux ou civils. Citons surtout, parmi les églises ou basiliques réparées ou embellies par ses soins, l'Aracœli, le Latran, Sainte-Lucie, Sainte-Marie-Majeure, etc., etc. Nous parlerons dans un travail spécial des changements qu'il opéra dans la basilique de Saint-Marc.

Les documents sur les constructions entreprises par les trois derniers papes du xve siècle, Sixte IV, Innocent VIII, Alexandre VI, sont malheureusement en fort petit nombre dans les archives romaines. Il y aurait de la témérité à vouloir retracer l'histoire de leurs travaux à l'aide de matériaux aussi fragmentaires.

Qu'il nous suffise de dire, en ce qui concerne Sixte IV, que par son édit de 1474 (1) ce pape rendit les services les plus signalés à la cause de la conservation des anciennes basiliques. On a cru à tort que cet édit s'appliquait aux monuments païens; en réalité il vise exclusivement les édifices consacrés au culte; plusieurs de ses dispositions méritent d'être reproduites. Voici les principales d'entre elles :

> Cum provida sanctorum patrum decreta eos sacrilegos esse diffiniant, qui ecclesias et loca sacra altissimo dedicata devastant, ipsorumque diripiunt ornamenta... decet nos... curare ne perversorum crescente malitia, eædem ecclesiæ et sacra dei templa, præcipue almæ urbis,... suis undentur ornatibus... Nonnulli... de patriarchalibus et aliis sacratissimis ecclesiis et basilicis dictæ urbis porphyreticos, marmoreos et alios diversorum generum, colorumque lapides ad ipsarum usum, decorem et ornatum deputatos ausu sacrilego abstulerunt, etc., etc.

Les matériaux qui servent de base à notre étude proviennent, comme ceux qui concernaient l'état des monuments antiques de Rome au xve siècle (2), des archives fondées au couvent du Campo Marzo par le gouvernement italien. Ils sont empruntés à trois séries de registres : les mandats de la chambre apostolique, la trésorerie secrète des papes, les comptes des édifices publics. Pour plus de brièveté chaque série sera désignée par les lettres suivantes : M., T. S., E. P. Quelquefois aussi les registres de la Depositeria, consacrés aux dépenses faites par les banquiers pour le compte de la cour de Rome, ont fourni des indications utiles.

(1) *Statuta almæ urbis Romæ* (éd. de 1580), appendice, f° 6.
(2) Voir la *Revue archéologique* du mois de septembre 1876.

Nous avons groupé autour de chaque église les documents qui s'y rapportent. Quant à ces églises mêmes, elles sont disposées par ordre alphabétique. Il n'a été fait d'exception que pour la basilique du Vatican et pour celle de Saint-Marc : les pièces qui les concernent étant fort nombreuses, il a paru préférable de les publier à part et d'en faire l'objet d'un second article.

Il reste à dire un mot des monnaies mentionnées dans ces différents extraits. Les comptables distinguent entre les florins ou ducats de la chambre apostolique (*de camera*) et les florins ou ducats du pape (*papales*). Les florins se subdivisent à leur tour en bolonais (*bologninі*) et ceux-ci en deniers.

Sainte-Agnès et Saint-Laurent-in-Damaso.

Le document suivant me paraît digne d'être rapporté parce qu'il nous fait connaître la part que le plus célèbre des sculpteurs romains de l'époque, maître Paul (1), a eue à l'exécution de l'autel de Sainte-Agnès (hors les murs?) et du mausolée du cardinal Louis Scarampo dit Mezzarota, à San Lorenzo in Damaso. Ce prélat célèbre était mort en 1465, et le nouveau pape, son ancien rival, Paul II, avait donné l'ordre de lui faire des funérailles magnifiques. Mais pendant la nuit des malfaiteurs s'introduisirent dans l'église et violèrent la sépulture, en dépouillant le cadavre de son anneau et de ses vêtements. Le mausolée élevé par maître Paul fut sans doute postérieur à cet attentat, car le payement ne date que de 1467. Ce monument même ne devait pas être définitif; Ciacconio nous apprend en effet que « hujus tumulus diu plane neglectus mansit, sed tandem Henrici Hunis liberalitate e marmore... reparatur (2). » Le nouveau mausolée, élevé en 1505, existe encore.

1467. 5 nov. magistro Paulo de Urbe marmorario fl. auri d. c. centum in hunc modum, videlicet quinquaginta pro parte solutionis sepulcri marmorarei (*sic*) per eum facti pro bona memoria domini L. tituli sancti Laurentii cardinalis et sanctæ Romanæ Ecclesiæ camerarii et reliquos quinquaginta similes florenos pro parte solutionis altaris per eum facti in ecclesia sanctæ Agnetis. Ed. P. 1467-1471, f° 6. — Au f° 16 du même registre, il est question de mag. Paulus Mariani de urbe marmorarius.

(1) Voir Vasari, IV, p. 631, et Gregorovius, *Storia della città di Roma*, VII, p. 778.

(2) *Vitæ... pontificum*, éd. de 1676, t. II, col. 921.

Saints-Apôtres.

G. Manetti, comme on l'a vu, parle en termes fort vagues des travaux que Nicolas V fit exécuter dans la basilique des Saints-Apôtres. L'extrait publié ci-dessous n'est pas plus explicite, mais il nous fournit du moins une date. C'est cette considération qui nous a déterminé à le publier ici.

1453. 21 décembre. A spexe fatta nela chiesa di santo Apostolo... duc. 445, bol. 12 di camera. — T. S. 1453.

Saint-Calixte.

Cette église, comme la plupart de celles dont nous nous occupons, est un titre cardinalice. Le *Liber pontificalis* déjà en parle, dans la vie de Grégoire III (740). Les travaux, assez importants, qui y furent exécutés par ordre de Calixte III paraissent avoir jusqu'ici passé inaperçus. J'en ai vainement cherché quelque mention dans nos guides habituels (1).

1457. 8 juin. R. p. d. Cosmæ de Monteserrato, s. d. n. datario, sive Jo. Sancii ejus familiari, pro eo recipienti, flor. auri de camera ducentos exponendos per eum in ecclesia sancti Calisti, quam d. n. mandat hedificari. M. 1457-8, f° 27.

San Celso.

Infessura déjà enregistre les changements effectués sous Nicolas V autour de San Celso : « fece la piazza di San Celso con gittar molte case a terra (2). » Mais il ne parle pas de ceux dont l'église même fut l'objet, et son silence a été imité par les auteurs modernes (3). Les extraits transcrits ci-dessous viennent combler cette lacune.

1453. 25 juin. A maestro Francesco da Bologna m° di legniame... ducati 10 papa conti allui e quali sono per opere date a lavoro del teto che

(1) Panciroli, *I Tesori nascosti nell' alma città di Roma*, éd. de 1600, p. 253-255 — Martinelli, *Roma ex ethnica sacra*. R. 1653, p. 86. — Nibby, *Roma nell' anno* 1838, etc.

(2) *Loc. cit.*

(3) Martinelli, *Roma ex ethnica sacra*, 89. — Venuti, *accurata e succinta descrizione... di Roma moderna*, p. 175. — Nibby, *Roma nell' anno* 1838. — Mai, *Spicilegium romanum*, t. IX : Ecclesiarum urbanarum... magnus catalogus — *Beschr. der Stadt Rom*, t. III, 3° partie, p. 303-4.

si doveva fare a la faciata dinanzi di santo Celso, il quale dapoi non si fini, e il detto lavoro fatto venne a palazo d'achordo chollui. T. S. 1453, f° 143, f° 161. — 11 septembre. A maestro Jachomo di maestro Maso e li comp. maestri di muro... ducati 231, bol. 18 di camera... che ducati 88 d. c. sono per paxi 34 di selicie a fatte intorno a santo Celso e duc. 20 per incholatura et bianchatura la faccia dinanzi di santo Celso, e duc. 143, bol. 18 sono per lo muro a fatto a 3 butteghe fatte nel chiostro di santo Celso, lequali N. S. a donato a la detta chiesa d'achordo per tutto. Ib., f° 156. — 29 octobre. Duc. 18 di papa conti a maestro Francesco da Bologna per sue manifatture del tetto a fatto ale 3 buttighe fatte nel... (un mot illisible) de la mazina a lato a santo Celso per la detta chiesa d'acordo. Ib.

Sainte-Constance.

Tous les visiteurs du musée du Vatican ont admiré, dans la salle de la *Croix grecque*, le beau sarcophage de porphyre qui provient du mausolée de Sainte-Constance, sur la via Nomentana, et dont les bas-reliefs représentent des amours vendangeurs. Cet insigne monument de la sculpture du IVᵉ siècle a aussi été à l'envi reproduit par la gravure. On connaît moins les vicissitudes par lesquelles il a passé avant de trouver un asile définitif dans le musée Pio Clementino.

D'après un antiquaire romain du XVIᵉ siècle, André Fulvius, le pape Paul II aurait donné l'ordre de transporter ce sarcophage dans la basilique de Saint-Pierre pour en faire sa sépulture, mais la mort l'aurait empêché de mettre son projet à exécution (1). La version de Fulvius a été successivement adoptée par Lucius Faunus (2), Visconti (3), et par les auteurs de la description allemande de la ville de Rome (4).

Les documents conservés dans les archives romaines viennent complétement détruire l'assertion de Fulvius. Ils nous montrent : 1° que Paul II destinait le sarcophage à l'ornementation de la place

(1) « Il qual sepolchro Paolo Veneto secondo, comando che fusse portato nel Vaticano, ove egli voleva essere sepolto : ma per divina providenza egli mori in qual mezo et il sepolchro essendo già à mezo il camino, fu riportato in dietro, et riposto nel luogo ove era prima. » *L'Antichità di Roma*, Venise, 1588, fol. 10. L'édition originale, en latin, est de 1527.

(2) « Idem (sepulcrum) in Vaticanum traduci Paulus pont. II, ut eo conderetur, imperavit, sed illi, interea morienti, parato sepulcro frui non licuit. » *De Antiquitatibus urbis Romæ*, éd. de 1549, f° 12.

(3) *Museo Pio-Clementino*, VII, p. 19.

(4) *Beschreibung der Stadt Rom*, II, II, p. 234.

de Saint-Marc; 2° qu'il réalisa ce projet longtemps avant sa mort. Le témoignage d'un contemporain, Paolo dello Mastro, confirme et complète les renseignements fournis par nos registres. Cet auteur nous apprend même la date exacte de l'installation du sarcophage sur la place de Saint-Marc : 14 août 1467. Nous reproduisons plus loin son récit. Ainsi que nous le prouve le dernier en date de nos documents, Sixte IV restitua le sarcophage au sanctuaire auquel il avait primitivement appartenu. C'était là comme un prélude à la bulle de 1474, par laquelle ce pape défendit de distraire des édifices religieux les ornements qui en faisaient partie. Le sarcophage de Sainte-Constance resta dans le mausolée de la via Nomentana jusqu'en 1788, époque à laquelle Pie VI l'incorpora au musée qu'il venait de fonder.

1467. A di 14 d' Agosto di detto anno venne nella Piazza di san Marco quell' arca di profido roscio, ch' era sepoltura di santa Constanza, e stava in santa Agnese nel loco che si chiama santa Constanza, e fecela venire papa Paolo 2°. Diario de P. dello Mastro, dans le *Buonarroti*, 1875, p. 144. — 17 sept. Magistro Galasso, Antonii Galassi de Bononia, carpentario, florenum auri de camera unum et bon. XLIIII pro salario et mercede novem operarum manualium exhibitarum in conducendo copertam porfiream sepolturæ conductæ de sancta Agnese (1) ad dictum palatium [S. Marci] ad rationem XI bon. pro opera et pro valore certæ quantitatis clavorum et lardi porcini oportuni pro conducendo dictam copertam. Ed. pub. 1467, A, f° 12. — 25 nov. Magistro Galasso Antonii de Bononia et Petro Paulo Marone ejus socio, seu eorum alteri pro se et aliis recipienti, florenos auri de camera triginta sex pro satisfactione plurium expensarum per eos factarum in conducendo sepulturam porfiream de ecclesia sanctæ Agnesæ extra muros urbis ad palacium apostolicum aput (*sic*) sanctum Marcum. E. P. 1467-71, f° 7 v°.

1468. 23 février. Marcho Mathei de Pesauro muratori et ejus in hac parte sociis florenos auri de camera quatuor et bo. 32 pro eorum salario 23 operarum per eos exhibitarum in aptando, murando et resarciendo locum in quadam capella sanctæ Agnetis extra muros urbis, unde fuit ablata sepultura porfirea, de mandato s^mi d. n. papæ a die VIII usque in diem XVIII Augusti proxime præteriti inclusive, in diversis preciis. E. P. 1467-71, f° 19.

1471. 3 nov. Magistro Paulo de Campagnano carpentario florenos de camera quinquaginta pro ejus mercede et expensis per eum faciendis in reconducendo sepulcrum (ou sepulturam) sanctæ Constantiæ a sancto Marco ad sanctam Agnetem et reponendo ipsam (*sic*) in suo antiquo loco. M. 1471-1473, f° 39.

(1) Le mausolée de Sainte Constance est situé à côté de l'église Sainte-Agnès.

Saint-Étienne le-Rond.

Une inscription rapportée par Pompeo Ugonio (1) nous a conservé le souvenir des restaurations faites à cette église sous le pontificat de Nicolas V. Cette inscription est ainsi conçue : *Ecclesiam hanc prothomartyris Stephani diu ante collapsam Nicolaus V pontifex maximus de integro restauravit, anno* 1453.

A en juger par un passage de Biondo da Forlì, qui composa sous Eugène IV son célèbre livre de *Roma instaurata*, c'était surtout la toiture qui avait besoin d'être réparée : « Ecclesia sancti Stephani rotunda, de ipso monte Cœlio cognomen habens, quam tecto nunc carentem, marmoreis columnis et crustatis varii coloris marmore parietibus musivoque opere inter primas urbis ecclesias ornatissimam fuisse judicamus, eaque in Fauni æde prius fundata fuit (2). »

Infessura généralise davantage : « (Nicolas V) fece coprire et acconciare la chiesa di santo Stephano Rotondo et il luogo de' Frati e dottoli (3). » Il en est de même d'Albertini : « Ecclesia S. Stephani in Celio monte et alia ecclesia sancti Theodoli martyris apud palatium majus a Nicholao papa V. instaurata (4). »

D'après Pompeo Ugonio, Nicolas V a fait rétrécir cet édifice, de forme circulaire, en supprimant la rangée de colonnes la plus éloignée du centre, ou plutôt en murant les entrecolonnements (5). Ce pape pourvut en outre l'église d'un nouveau portique.

Quoi qu'il en soit, voici en quels termes les registres de la trésorerie secrète de Nicolas V rapportent les payements faits à l'artiste chargé de restaurer Saint-Étienne-le-Rond, Bernard Rossellino, le célèbre architecte florentin (6) :

1453. 14 mars Maestro Bernardo di Matteo da Firenze, abitante a Roma, ducati 700 di camera... havuti... in V partite, da di 14 di novembre 1452 a questo presente di... e quali ducati 700 nostro signore a fatti dare al detto maestro Bernardo per parte de lavoro fa a santo Stefano Ritondo. — 23 avril, 100 florins pour le même motif. — 31 juin. 200 fl. per resto e

(1) *Historia delle stationi di Roma*, R. 1588, f° 290 v°.

(2) *De Roma instaurata*, liv. I, c. LXXX.

(3) Muratori, *R. I. S.*, t. III, 2e partie, col. 1132.

(4) *Opusculum de mirabilibus nove et veteris urbis Rome*, éd. de 1515, f° 82 v°.

(5) *Op. laud.*, f° 290 v°. Voir aussi la *Beschreibung der Stadt Rom*, t. III, 3e partie, p. 497.

(6) Ainsi se trouve confirmée l'assertion de Vasari, révoquée en doute par plusieurs auteurs modernes. Voir l'édition florentine des *Vite*, XI, 55 et 222, et l'article que nous avons publié dans la *Chronique des arts*, 1877, nos 18 et 21.

saldo d'achordo co Nostro Signore de lavoro che il detto maestro Bernardo a fatto a santo Stefano Ritondo. — Total 1000 florins. T. S. 1453, f° 105.

1453. A m° Bernardo di Matteo da Firenze maestro di muro... ducati mille di camera .. sono per lo palmentato di santo Stefano Ritondo, e per entonichatura d'esso, per li altari di marmo e porte di marmo e finestre di marmo a fatte in detta chiesa a tutte sue spexe d'ogni e ciaschuna chosa; choxi è rimasto d'achordo cho N. S. T. S. 1453, f° 143 (1).

Une belle verrière due à maître Jean, fils d'André, à maître Charles et à plusieurs autres artistes habiles, complétait la décoration de l'édifice. Peut-être les quelques fragments de vitraux peints que l'on aperçoit encore dans les fenêtres de la coupole proviennent-ils de l'ouvrage exécuté sous Nicolas V.

1453. 6 mars. Maestro Giovanni d'Andrea e chonpagni, maestri di fenestre di vetro... 40 ducati di camera... per parte dele finestre fa a santo Stefano Ritondo... — 10 juillet. 36 duc. d. c. a Charlo suo conpagno per resto e saldo d'achordo de lavoro di santo Stefano Ritondo...— Même date : A maestro Giovanni d'Andrea e li conpagni (ou : e il conpagno) dipintore di finestre di vetro... ducati 236 di camera... per 8 finestre grandi e 2 ochi grande e 1ª (?) finestra picola e 36 ochi picoli a fatti a santo Stefano Ritondo a fighure e a ochi. T. S. 1453, f° 104, 143, etc.

1454. 27 avril. A maestro Dominico da Montelupo fabro... duc. 28 bol. 51 d. c. per libre 827 di fero lavorato dato a santo Stefano Ritondo, cioe 4 finestre e una catena per la volta e arpioni e grapi, per tutto d'achordo. T. S. 1454, f° 81 v°.

1463. 16 sept. Ducati ciento.... a frate Valentino penitentiere di N. S. in santo Pietro per la frabicha (sic) di santo Stefano in Cielimonte del quale lui n'e pradrone (sic). T. S. 1462-64, f° 93 v°.

Saint-Eusèbe.

Les travaux entrepris sous le pontificat de Nicolas V dans l'église Saint-Eusèbe paraissent avoir été ignorés jusqu'ici. L'édifice ayant été reconstruit en 1750, il serait sans doute difficile de trouver quelque trace de la restauration du XV° siècle et notamment de la verrière exécutée par un des plus habiles artistes du temps, maître Giovanni d'Andrea, de Florence. L'ancienne façade seule nous est encore connue, grâce aux gravures publiées dans les *mirabilia* illustrés si nombreux à l'époque de la renaissance (2).

(1) Cette mention fait double emploi avec la précédente ; nous la reproduisons parce qu'elle est plus explicite et qu'elle nous donne des détails plus précis sur les travaux exécutés par Rossellino.

(2) *Le Cose maravigliose dell' alma città di Roma*, Venise, 1588, f° 56 v°. Le même bois se retrouve dans la *Roma antica e moderna*, de Franzini, Rome, 1668, p. 398.

1447. 5 sept. ...fiorini 1.0 d. c., bol. 37 di Roma paghamo per mandato a messer Antonello d'Albano da Roma per riparazione della chiesa di santo Eusepio, per spese in murare e conciare. — Depositeria, 1447-8, f° 7 v°.

1453. 20 déc. A maestro Giovanni d'Andrea da Firenze... ducati 23 d. c. conti a lui per resto di ducati 33 che montoro VIIII finestre di vetro a ochi fatte nela chiesa e a rifettorio di santo Eusebio e ducati X ebe da N. S. — T. S. 1453, f° 156.

Saint-Jean-de-Latran.

Après la monographie si complète que M. G. Rohault de Fleury vient de consacrer au Latran (1), on ne saurait guère s'attendre à trouver des renseignements nouveaux modifiant d'une manière sensible l'histoire de ce monument, telle qu'elle se présente à nous dans l'ouvrage du savant architecte. Les documents réunis ci-dessous n'ont d'autre avantage que celui d'être inédits (sauf les deux premiers d'entre eux) et de préciser quelques points jusqu'ici obscurs ou douteux. Ils nous font successivement passer en revue les travaux exécutés au compte de la chambre apostolique sous Martin V et ses successeurs. Le premier en date de ces papes paraît surtout s'être occupé de la décoration de la vénérable basilique; il chargea deux peintres célèbres, Gentile da Fabriano et Vittore Pisanello, du soin de restaurer ou de remplacer les anciennes peintures (2). Il fit également refaire le pavé mosaïque. Ajoutons cependant que d'après M. Rohault de Fleury les colonnes qui y sont figurées (Martin V était un Colonna) remontent à une époque bien antérieure (3). Nous ne saurions mieux faire, avant de reproduire les documents empruntés aux archives romaines, que de rapporter au sujet de ces décorations le témoignage de deux historiens romains du xve siècle. Voici comment ils s'expriment :

Pavimentum... navis mediæ Lateranensis ecclesiæ sumtuose valde fecit construi lapidibus porphyreticis et serpentinis. Eamdem etiam navim de novo pretiosis figuris et mira arte fabricatis, in parte pingi procuravit; sed morte præventus complere opus non potuit (4). — Testudinem ligneam eidem templo superinduxit, picturamque Gentilis pictoris egregii incohavit (5).

(1) *Le Latran au moyen âge*, Paris, 1877, 1 vol. de texte et 1 vol. de planches.

(2) La *Beschreibung der Stadt Rom*, III, I, p. 515, parle de la coopération de Masaccio, mais rien dans nos documents ne confirme cette assertion.

(3) *Le Latran*, p. 238.

(4) Muratori, *R. I. S.*, III, II, col. 867.

(5) Platina, *in vita Martini V*.

1426. 17 sept. Presbitero Antonio Johannis dicto Quartaferia, anteposito super pavimentis et picturis ecclesiæ sancti Johannis Lateranensis, florenos viginti quinque auri de camera in deductionem expensarum per eum fiendarum in pavimentis et picturis prædictis. M. 1426-30, f° 11 v° (1).

1427. 28 févr. Magistro Gentili de Fabriano egregio pictori pro salario suo unius mensis incepti die vigesimo octavo mensis Januarii proxime præteriti et finiti die ultimo præsentis mensis Februarii flor. auri de camera viginti quinque. M. 1426-1430, f° 25.—Payements analogues jusqu'au mois d'août de la même année (2).

— 4 septembre. ...venerabili viro domino Antonio, dicto alias Quartaferia,... pro expensis per ipsum factis et fiendis pro reparacione circa picturas ecclesiæ lateranensis fl. quinquaginta. M. 1426-30, f° 51 v°.

1431. 27 nov. Provido viro magistro Pisano pictori in ecclesia lateranensi flor. auri de camera quinquaginta in deductionem sui salarii et mercedis ratione picturæ dictæ ecclesiæ. En marge : pro Pisanello. M. 1430-1434, f° 33.

Queste sono le spese facte in sancto Johanni a retrattare la nave majure, e refare lo portichale nello anno 1437, a di primo di jugno ci fo cominciato... (fournitures de tuiles, de bois, etc.) total 206 duc. 36 bol. 8 den.

— 17 oct. (1437). Per pignitura di lo bordone (?) pagay Pietro di Juvenale duc. — bol. XXX.

Queste sono le spese de le carrate (charrettes portant le bois, la chaux, etc.) fatte per la nave de le riliquie di sancto Johanni nelo anno 1437 e le spese falte in ipsa nave l'anno 1438... (fournitures de chaux, de pouzzolane, de ferraille, etc.) total 307 duc. 37 bol. 6 den. Ed. P. 1437-8.

Queste sono le spese facte nella tribuna di sancto Johanni incominciate nelo anno 1437, finite nello anno 1439... (fournitures de tuiles, de travertins tirés du Colisée, de bois, de chaux, etc.) total 211 duc. 18 bol. 14 den.

Queste sono le spese facte nella cappella di lo palazo di sancto Johanni, cominciata nello anno 1437, e finita nello anno 1438... (fournitures de chaux, de pouzzolane, de tuiles, etc.) Total 211 duc. 17 bol. 5 den.

1447. 21 avril. A frate Jachomo da Ghaeta... florini 210 di camera... per paghare maestri e altre opere de la fabricha a nele mani di san Giovanni a Laterano. T. S. 1447, f° 35 v°. — 6 mai. Au même. florini 500 di camera... per le opare di Santo Santorum. Ib., f° 36.

1455. 18 mai. Magistris et manualibus qui laborarunt tam in palacio quam in sancto Petro, quam in sancto Johanne Lateranensi et alibi a die obitus felicis recordationis d. Nicolai quinti usque ad præsentem diem... 474 ducats. T. S. 1455-6, f° 25.

(1) Ce document a été publié dans l'*Archivio storico italiano*, 1866, t. III, p. 194, d'après les registres des archives secrètes du Vatican. Nous le reproduisons d'après les registres des archives d'État.

(2) Même observation que pour le document précédent.

1457. 3 mars. Venerabili viro domino Cosmæ de Monteserrato ipsius domini nostri datario ducentos florenos auri de camera ad exponendum in fabrica sancti Johannis Lateranensis. M. 1456-8, f° 2 v°.

1458. 11 septembre. provido viro magistro Salvato de Tocco civi romano et carpentario fl. auri de camena trecentos quadraginta pro operis, magistris et assibus lignaminibus, clavis, ferramentis et aliis quibuscumque et tam in ecclesia quam in palatio Lateranensi et illius circonstantiis ubique occasione festi coronationis ejusdem sanctissimi domini nostri papæ nuper ordinati factis et fabricatis in honorem festi prædicti. M. 1458-60, f° 7 v°.

1464. 15 mars. Antonio Paciuri... ducati quaranta d. c. ...per parte de legname fa per la fabrica di S. Janni. Ed. pub. 1460-4, f° 119 v°. — Id. per lavoro facto a sue spese in gionte (?) XVII nel tecto di S. Janni nela magior nave e duc. 7 per costo e lavoro di cavallatura... in esso tecto. (Ib. fol. 120.)

— 30 nov. fl. auri de cam. decem... magistro Dominico fabro lignaminis, pro manifactura plurium laboreriorum per eum factorum apud sanctum Johannem Lateranensem dum sanctissimus dominus noster papa ibidem fuit. M. 1464-66, f° 31 v°.

1466. 17 avril. Magistris Guidoni de Foro Sinfronis [Sempronii] et Henrico de Alamania fabris lignaminis recipientibus pro se et nonnullis aliis magistris et manualibus, seu magistro Dominico de Florentia, etiam fabro lignaminis in palatio apostolico pro eis recipienti fl. auri de cam. triginta quinque et bon... pro eorum salario et mercede operarum per eum datarum apud sanctum Johannem Lateranensem et sanctum Marcum usque in diem XV præsentis mensis Aprilis. M. 1464-66, f° 179.

1468. 22 avril. Venerabilibus religiosis priori et fratribus sancti Johannis Lateranensis fl. auri de cam. quinquaginta, quos smus d. n. eis dari mandavit pro actandis, seu resarciendis organis ecclesiæ sancti Johannis Lateranensis prædicti. M. 1468-9, f° 22 v°.

1469. 14 juin. Magistro Henrico de Theotonia (?) clavigero [clavicario] fl. auri de cam. quinque et bon. XV pro valore trium serarum et octo clavium ab eo emptarum et habitarum, unius videlicet pro serandis capitibus apostolorum in ecclesia Lateranensi, cum duabus clavibus seræ pro seranda Veronica in ecclesia principis apostolorum cum totidem clavibus et alterius pro lumaca palatii apostolici cum quatuor clavibus. M. 1469-70, f° 51 v°.

1469. 12 juillet. Domino Jo. Cafaro de Urbe bon. LVI pro valore septem clavium factarum pro ciborio... (un mot illisible) ecclesiæ Lateranensis, ubi sunt reconditæ certæ reliquiæ. M. 1469-70, f° 96 v°.

1471. (s. d.) de havere mº Francesco per lo sopra più de lavoro fatto a santo Janni duc. 50. M. 1471-7, f° 70, v°.

S. Laurent in Pesce.

Les descriptions de Rome sont fort sobres de détails sur l'histoire de cette église, et l'on serait embarrassé de trouver des données propres à compléter les renseignements contenus dans les deux extraits suivants. A en juger par la profession de l'artisan auquel les payements sont faits, la restauration devait surtout comprendre des travaux de charpenterie.

1470. 15 nov. Magistro Antonisio [Gasparis] de Camerino fabro lignaminis et sociis florenos auri de camera quinquaginta pro parte solutionis eorum ratione reparationis per eos factæ et faciendæ in... ecclesia sancti Laurentii [in Piscibus]. Ed. P. 1467-71, f° 149.

1471. 15 janv. 50 fl. pour le même motif. — 4 février. Duc. 50 d. c. per sua santita a m° Antonigi da Chamerino e choopagni, maestro di legname per... parte del teto di santo Lorenzo de Pesci in borgho di santo Pietro. E. P. 1471, A, f° 80.

Sainte-Lucie.

L'église à laquelle se rapportent les deux mandats de payement reproduits ci-dessous est l'église Sainte-Lucie in Septemviis ou in Septizonio (1).

1468. 7 déc. Magistro Dominico Francisco de Florentia carpentario fl. auri d. c. sex pro parte solutionis laborerii de mandato sanctissimi domini nostri papæ facti et faciendi in reparatione ecclesiæ sanctæ Luciæ sitæ apud sanctum Georgium urbis q. titulus R^mi D. Cardinalis S. Luciæ existit. M. 1468-69, f° 155.

1469. 9 janvier. A maestro Domenego da Fiorenza maestro di legname fiorini cinque, bo. LVIIII per pagar certi che lavororono in la chiesa di santa Lucia Septemsolis, videlicet a remondarla et conzarla el di de la sua festa proxima passata. T. S. 1468-69.

Sainte-Marie in Aracœli.

On fait généralement honneur au cardinal Olivier Caraffa de la restauration si considérable à laquelle la basilique de l'Aracœli fut soumise vers 1464 (2). Les documents qu'on lira plus loin permettent de revendiquer pour Paul II une partie du mérite de cette entreprise; ce pape paraît avoir notamment supporté les frais de la reconstruction de la toiture.

(1) Voir Fl. Biondo, *Roma instaurata*, liv. III, ch. LVIII; Martinelli, *Roma ex ethnica sacra*, p. 366, et le *Catalogus magnus* dans le tome IX du *Spicilegium* de Mai.

(2) Donati, *Roma vetus ac recens*, éd. de 1639, p. 307. — Venuti, *Roma moderna*, p. 341. — Nibby, *Roma nell' anno 1838*, p. 343.

1468. 9 mars. fl. 202, bol. 56,... a frate Cola (1) pionbatore per lo tecto di Araceli. T. S. 1467-8, f° 97 v°. — 2 mai. 102 fl. 56, au même pour le même motif. — 12 juillet. Fratri Nicolao plumbatori fl. auri centum, facientes de camera centum duos et bon. 56 per eum exponendos in fabrica ecclesiæ Aracelli. M. 1468-9, f° 67 v°. — 4 août. Id. in reparatione seu restauratione tecti ecclesiæ sanctæ Mariæ de Aracheli. — 27 sept. Id. — 19 nov. Id. — 1469. 17 fév. Id., etc.

1472. 15 fév. Veduto et examinato diligentemente quanto adomanda maestro Paulo de Campagnano troviamo esso esser creditore et dever havere per resto de la fabrica del tecto de sancta Maria de Aracœli, viduto (*sic*) el contratto et pagamenti facti et mensure et le stime facte per miser Hieronymo Giganti et per rellatione de li magistri et etiam secondo la sua domanda 125 fl. M. 1471-77, f° 83 v°. — 2 mai. magistro Paulo de Campagnano carpentario, cameræ apostolicæ creditori ratione fabricæ tecti et ecclesiæ S. Mariæ de Aracœli... fl. de camera X et bon. LVI. — 28 juillet. Au même pour le même motif, 40 florins en déduction de sa créance. M. 1471-77, f°s 47 et 52.

Sainte-Marie-Majeure.

La plupart des dépenses mentionnées ci-après paraissent s'appliquer à de simples travaux d'entretien, n'ayant pas pour but de modifier telle ou telle partie de l'édifice. Nicolas V seul opéra des changements de quelque importance. Il construisit à côté de la basilique un palais servant d'habitation aux chanoines et parfois même aux papes (2). S'il fallait en croire Nibby (3), Valentini (4), Letarouilly (5) et autres auteurs modernes, le successeur de Nicolas V, Calixte III, aurait attaché son nom à une œuvre non moins intéressante : le soffite doré qui fut achevé sous le règne d'Alexandre VI. Mais cette assertion repose sur une méprise ; ces savants ont confondu Calixte III avec Célestin III. C'est en effet à ce dernier que tous les historiens anciens attribuent l'exécution de cet ouvrage (6).

1438. Questo sono le spese facte per sancta Maria Majure nello anno

(1) Ce Nicolas pourrait bien être identique avec celui qui figure dans le registre coté : Edifices publics, 1471.

(2) Panvinio, *de Septem Ecclesiis*, p. 241 : « Nicolaus IV, qui diu apud eamdem basilicam permansit, palatium suo et canonicorum usui apud eam condidit. Idem fecit Nicolaus V qui claustrum, porticum, cubicula, triclinia, cameras ibidem extruxit. »

(3) *Roma nell' anno 1838.*

(4) *La patriarcale basilica Liberiana*, Rome, 1839, p. 4.

(5) *Edifices de Rome moderne*, p. 639.

(6) De Angelis, *Basilicæ S. Mariæ Majoris... descriptio*, Rome, 1621, p. 94. — Soverano, *Memorie sacre*, t. I, p. 609, etc.

1438... Item adi 12 di Genaro per pignitura de lo bordone pagay Pietro di Giovenale duc. — bol. XXXI den. III — item a di 8 di Agosto per pignitura di uno bordone cole arme di nostro signore pagay Pietro Giovenale duc. — bol. XXXI den. IV. — etc., etc. Ed. P. 1437-1438.

1451. Janvier et février... Ducati 808, bol. 24 di camera... per lo lavoro di santa Maria Maggiore et di santo Todaro. T. S. 1451, f° 3.

1455. 16 juillet. Provido viro Francisco de Burgo fl. auri d. c. triginta unum et bol. duos pro satisfaciendo tam certis laboratoribus quam magistris lignorum et pro clavis (?) emptis pro reparationibus factis in sancta Maria Majori, videlicet tam in mundendo (*sic*) cameras et factura hostiorum quam alias. M. 1455-6, f° 108 v°. — 4 août. Provido viro Petro Johannis de Varisio (ou Varisco) de Mediolano architect[ori] florenos auri d. c. vinginti duos sine retentione pro recompensatione calcis per eum dimissæ in opera et fabrica ecclesiæ sanctæ Mariæ Majoris de Urbe. M. 1455-6, f° 46.

1465. 17 juin... Per tavole 500 conpro maestro Domenico architeto de caxa per voler fare le ture in santa Maria Maiore per la tornata del fiolo del Re, a razon de s. 24 lo cento. T. S. 1464-66, f° 50.

1471. (s. d.) lo lavoro fatto a santa Maria Maggiore monta ducati 57. M. 1471-7, f° 70 v°.

Sainte-Marie-de-la-Minerve.

Une seule des restaurations dont nous allons parler doit être mise au compte des souverains pontifes : celle qui est due à Eugène IV. Les deux autres, malgré leur date, se rattachent aux travaux entrepris par le cardinal Torrecremata (mort en 1468). Si elles furent soldées par la chambre apostolique, c'est que celle-ci avait recueilli l'héritage du cardinal et se trouvait ainsi tenue d'acquitter ses dettes. Ce fait résulte du texte même de la pièce transcrite sous le n° 3.

Le portrait du cardinal orne encore l'église qui lui doit tant d'embellissements; il fait partie d'une peinture attribuée à tort à Fra Angelico.

Quant à m° Marc de Florence, l'architecte employé par le cardinal Torrecremata, il n'est pas facile de fixer son identité. Nous trouvons, en effet, vers la même époque, plusieurs artistes florentins portant le même nom et exerçant des professions qui au xv° siècle pouvaient facilement se confondre. Citons parmi eux Marcus de Florentia, faber lignaminis, 20 octobre 1464, Marcus de Florentia, murator, 16 octobre 1468, Marcus de Florentia, sculptor, 1463-64, Marco d'Arigo de Florentia, murator, 22 juillet 1467, Marcus Petri de Florentia, carpentarius, 1469 et 1471 (1).

(1) Mandats de la chambre apostolique, *passim*.

1437. 1er avril. pagay per riparatione di la chiesa di sancta Maria di la Minerva sopra la cappella di sancta Catherina per comandamento di nostro Signore ducati C. Ed. P. 1437-8.

1469. 8 mai. Venerabili et religioso patri Leonardo de Perusio, ordinis prædicatorum, florenos auri d. c. centum viginti exponendos per eum in fabrica chori beatæ Mariæ Minervæ de Urbe. M. 1469-70, f° 26 v°.

1474. 27 mai. Honorabili viro magistro Marco de Florentia muratori, creditori hereditatis bonæ memoriæ domini Jehannis de Turrecremata, cardinalis sancti Sixti, ratione fabricæ ecclesiæ beatæ Mariæ apud Minervam, quam idem cardinalis de novo construi fecit, prout, facta diligenti examinatione et inquisitione repertum et declaratum est per rdos patres dominos præsiden(tem) et clericos cameræ apostolicæ, quibus s. d. n. papa ejusmodi negocium specialiter commiserat, florenos auri de camera trecentos et viginti tres, et baiocos quinquaginta tres, pro residuo et complemento solutionis operis et ædificii per ipsum magistrum Marcum in dicta ecclesia facti, quos florenos ideo declaratum est solvi debere de prædictis pecuniis cameræ, quia constat præfatam hereditatem pervenisse ad manus felicis recordationis domini Pauli papæ II et ad cameram apostolicam.... M. 1472-76, f° 78 v°.

Sainte-Marie dans le Transtevère.

Flavio Biondo, toujours si empressé à célébrer les travaux entrepris par son protecteur, le pape Eugène IV, ne parle point de ceux qu'il fit exécuter dans la basilique de Sainte-Marie du Transtevère (1). Il y aura donc quelque intérêt à les remettre en lumière au moyen d'un document authentique.

1437. 7 mai. A lo capitolo di sancta Maria di Tristevere per riparatione di lo portichale e di lo camppinele de ipsa chiesa per comandamento di nostro Signore duc. C. Ed. P. 1437-8.

Saint-Pierre ès-Liens.

Il résulte de la pièce suivante que Sixte IV s'est occupé, aussitôt après son couronnement, de la restauration de son ancien titre de cardinal, la basilique de Saint-Pierre-ès-Liens. Mais il était réservé à son neveu, Jules II, d'accomplir dans cet édifice des changements plus considérables, dont les traces existent encore.

1471. Spese fatte per sancto Pietro in Vincula per recoprire li tecti de la giesia e de lo palazo, tegole 6500 fornite. — Item per tavole d'olmo

(1) *Roma instaurata*, liv. III, ch. cx.

300. — Item per più forramenti ducati 4. — Item per decorrenti e altri legname ducati 3. — Item giornale 60 tenne concto Gratiadio (?) montono ducati 15. — Saldo le sopradicte cose e montano in tuto duc. 86. — En marge : Magistri Francisci de Insula bona Januen(sis) computa. M. 1471-77, f° 70 v°.

Santa Prisca.

Pompio Ugonio signale, mais d'une manière fort sommaire, les travaux entrepris dans cette église par Calixte III; il rapporte également l'inscription métrique par laquelle ce pape perpétua le souvenir de sa restauration (1). Le document qu'on va lire fixe la date de ces travaux, mais il nous en laisse malheureusement ignorer la nature et l'étendue.

1455. 11 sept. De mandato s. d. n. dedi domino Cosmæ confessori pro opere sanctæ Priscæ florenos auri de camera centum. Depositeria, 1455, f° 9.

Saint-Sébastien hors les murs.

Les anciens auteurs n'ont pas mentionné les travaux dont la basilique de Saint-Sébastien hors les murs a été l'objet sous Calixte III (2). Nous savons d'autre part que vers la fin du XVIe siècle cette basilique offrait l'aspect le plus affligeant. Il est donc probable que le pape en question se sera borné à quelques réparations urgentes et que c'est dans ce sens qu'il faut interpréter le mot *fabrica* employé dans le document dont voici la teneur :

1458. 15 février. R^{do} patri domino de Monteserato s. d. n. papæ datario, seu Johanni Sancii ejusdem s. d. n. papæ familiari pro eo recipienti, florenos auri de camera centum expenendos per eum in fabrica S. Sebastiani extra muros urbis. M. 1457-8, f° 77 v°. — 24 mai. 100 fl. pour le même motif. Ib., f° 99.

San Spirito in Sassia.

Nous connaissons par l'inscription suivante la date des restaurations entreprises par Eugène IV dans l'église S. Spirito in Sassia :

(1) *Historia delle Stationi*, f° 304. L'inscription existe encore.

(2) Panvinio, *De septem ecclesiis*, p. 98-99. — Panciroli, *Tesori nascosti nell' alma città di Roma*, éd. de 1600, p. 754-758. — Severano, *Memorie sacre delle sette chiese di Roma*, Rome, 1630, t. I, p. 443-445.

Eugenius Venetus pp. quartus ann. dni MCCCCXXXVII (1). Quant à l'étendue même du travail, on ne peut en juger que par les pièces transcrites ci-dessous. Nous y voyons que la dépense totale s'éleva, pour cette église, à 237 ducats, 16 bolonais et 7 deniers. Le comptable étant entré dans des détails trop minutieux, il serait difficile de reproduire intégralement le texte du document. Il suffira de noter les passages relatifs à des travaux d'art.

Queste sono le spese fatte in sancto Spirito nello anno 1437... item a di primo di Septembre per una giornata per uno per bol. XV, den. X la giornata pagay a Minico (Domenico) e Buono (?) scarpellatori duc. — bol. 33, den. 3. — Item a di dicto per una giornata pagay Mariano scarpellatore duc. — bol. 16 den. 10. — 30 sept. per depignitura dele bordure pagai m° Pietro di Giovenale duc. — bol. 27 — total : 237 duc. 16 bol. 7 den.

Saint-Théodore.

Nous savons par le témoignage d'Infessura que Nicolas V fit reconstruire à deux reprises différentes l'église Saint-Théodore située au pied du Palatin. Voici comment le chroniqueur romain s'exprime à ce sujet : « Fece di nuovo la chiesa di san Teodoro due volte; la prima acconciò la vecchia, la quale, acconcia che fu, cascò dai fondamenti, et egli la rifece un poco più là, e poco minore che era (2). » D'après Vasari, ce fut Bernard Rossellino qui fut chargé de ce travail (3). Le document que nous publions plus loin n'étant relatif qu'à la seconde restauration, terminée en 1453 (4), il nous est impossible de contrôler l'assertion du biographe. Tout ce que nous pouvons dire c'est que dans notre document il n'est pas question de Rossellino. Il faut ajouter que la réédification de l'église ne saurait avoir été complète, générale, et que les auteurs ont évidemment exagéré les travaux de Nicolas V : ce qui le prouve c'est que l'église conserve encore son abside primitive avec sa mosaïque du VIe-VIIe siècle.

1453. 7 janvier. M° Pietro di Giovanni da Varese maestro di muro... duc. 100 di camera conti allui per parte del lavoro di santo Theodaro di Roma. T. S. 1453, f° 69. — Le même entrepreneur touche en tout jusqu'au 31 décembre de la même année 2000 duc. — duc. 2000 di camera...

(1) Forcella, *Iscrizioni delle chiese ed altri edifizii di Roma*, t. VI, n° 1171.

(2) Muratori, *R. I. S.*, III, II, col. 1132.

(3) *Vite*, IV, p. 221.

(4) Venuti, *Roma moderna*, p. 398, et Nibby, *Roma nell' anno* 1838, se trompent en indiquant l'année 1450, comme date de la restauration de cette église.

per lo lavoro di santo Todaro rifatto di nuovo chome n'a roghato Jan Jordano. Ib., f° 197 a. (1).

1454. 27 avril. A m° Bernardino da Spolito... duc. 3, bol. 28 di camera conti per opere 15 e uno quarto a dato a fare la porta (?) di santo Todero a bol. 16 la giornata. T. S. 1454, f° 81 v°.

EUG. MÜNTZ.

(1) Les recherches auxquelles je me suis livré dans l'*Archivio notarile* du Capitole pour retrouver les actes de maître Jan Jordano sont restées sans résultat. Cette collection est en général fort pauvre en documents du XV° siècle.

Paris. — Imprimerie Pillet et Dumoulin, rue des Grands-Augustins, 5.

www.ingramcontent.com/pod-product-compliance
Ingram Content Group UK Ltd.
Pitfield, Milton Keynes, MK11 3LW, UK
UKHW032037260826
14628UKWH00007B/3010